La Gratitud

···

El Perdón

También por Nancy Leigh DeMoss

Cómo cultivar
un corazón
agradecido

La Gratitud

El Perdón

Cómo liberarse
de la amargura
y el dolor

Nancy Leigh DeMoss

PORTAVOZ

La misión de *Editorial Portavoz* consiste en proporcionar productos de calidad —con integridad y excelencia—, desde una perspectiva bíblica y confiable, que animen a las personas a conocer y servir a Jesucristo.

La gratitud
Nancy Leigh DeMoss
© Todos los derechos reservados por:
Life Action Ministries
P.O. Box 31, Buchanan, MI 49107-0031
Traducción: Carmen Luz Ochoa
Revisión: Mercedes De la Rosa

El perdón
Nancy Leigh DeMoss
© 2006 por Nancy Leigh DeMoss
Traducción: Carmen Luz Ochoa
Revisión: Corina Dhios

Revive Our Hearts, Post Office Box 2000, Niles, Michigan 49120.
reviveourhearts.com.
info@reviveourhearts.com

EDITORIAL PORTAVOZ
P.O. Box 2607
Grand Rapids, Michigan 49501 USA

Visítenos en: www.portavoz.com

ISBN 978-0-8254-1212-7

1 2 3 4 5 edición / año 14 13 12 11 10

Impreso en los Estados Unidos de América
Printed in the United States of America

*Cómo cultivar
un corazón
agradecido*

La
Gratitud

INTRODUCCIÓN

Hay un comercial de televisión que anuncia una tarjeta de crédito y termina con esta frase: «¡No salga de casa sin ella!».

Esta frase también podría aplicarse al tema de este librito. «Una actitud agradecida: ¡no salga de su casa sin ella!». En realidad tampoco le aconsejaría que se quedara en casa sin ella.

Nunca será suficiente la importancia que se le dé al tema de la gratitud. He llegado al convencimiento de que no hay nada más apropiado para un hijo de Dios que tener un espíritu agradecido. De igual forma, tal vez no haya nada que haga a una persona menos atractiva que la ausencia de este espíritu.

En el transcurso de mi vida he aprendido que ante todas las circunstancias que se me presentan puedo asumir dos actitudes:

Adorar o quejarme.

Cuando escogemos la senda de la adoración y la acción de gracias, especialmente en medio de circunstancias difíciles, nuestras vidas emanan una fragancia de gratitud que bendice al Señor y a los demás.

Por el contrario, cuando nos dedicamos a lamentarnos, a quejarnos o a protestar, caemos en una pendiente destructiva que a la larga nos conduce a la amargura y a la ruptura de relaciones. Las consecuencias de un espíritu desagradecido no son tan notorias como las de una enfermedad contagiosa, pero no por eso son menos graves. Nuestra cultura moderna experimenta una epidemia de ingratitud. Como gas venenoso, este sutil pecado está contaminando nuestras vidas, nuestros hogares, nuestras iglesias y nuestra sociedad.

Un hombre o una mujer agradecidos son una corriente de aire fresco en un mundo contaminado por la amargura y el descontento.

Este librito es un llamamiento a dejar atrás los lamentos y las quejas, y a tomar, de manera consciente, la decisión de ser una persona agradecida.

Si usted desea cultivar una actitud agradecida, le aconsejaría que no leyera este librito a la ligera. Por el contrario, le recomendaría que se comprometiera a leerlo con cuidado y en actitud de oración de principio a fin. Después, dedique una semana, que se denominará «Semana de Acción de Gracias», para hacer los ejercicios que se encuentran al final.

En días recientes hice una llamada a un amigo muy querido para felicitarlo por su cumpleaños número 89. Me conmovió su respuesta: «Si por algo deseo ser recordado es por haber sido una persona agradecida». Este es un hombre que perdió a su madre a los tres años de edad, y a su padre siendo todavía muy joven. Hace algunos años, su hijo mayor murió en un trágico accidente. En la actualidad atraviesa por los últimos años de su vida, y su salud y energía física están decayendo. Aún así, mi amigo se ha propuesto ser un hombre agradecido. Está presto a manifestar la bondad de Dios y las bendiciones que Él le ha concedido. Como resultado, es una persona satisfecha y llena de paz, y la fragancia de su vida

continuará bendiciendo a otros mucho
tiempo después de que él deje su cuerpo
terrenal.

Ese es el tipo de persona que yo quiero
ser. Le invito a que me acompañe en esta
búsqueda.

Con gratitud,
Nancy Leigh DeMoss

De acuerdo a los estándares de hoy, debería haber sido una persona infeliz y con problemas. Su padre murió cuando ella era aún muy joven, quedando al cuidado de su madre y su abuela. Como resultado de un error médico ocurrido a las seis semanas de haber nacido, quedó ciega de por vida.

Las experiencias traumáticas y trágicas de la niñez de esta mujer hubieran sido motivo suficiente para que la gran mayoría de personas llevara una vida llena de autocompasión, amargura y trastornos psicológicos.

Sin embargo, en su autobiografía, Frances Jane Crosby escribió: «Parece que la Providencia de Dios dispuso que yo fuera ciega toda mi vida, y le agradezco este designio».

El médico que destruyó su visión nunca se perdonó a sí mismo y cambió su lugar de residencia, pero en el corazón de Fanny Crosby, nunca hubo espacio para el resentimiento. «Si lo conociese hoy —escribió—, le daría las gracias una y otra vez por haberme dejado ciega».

Su ceguedad, que muchos considerarían un accidente en el mejor de los casos y en el peor, una maldición, fue para Fanny una de sus más grandes bendiciones, aceptándola como un regalo de Dios. «No habría podido escribir miles de himnos —dijo— si me hubiera distraído con los miles de objetos bellos e interesantes que seguramente hubiese tenido la oportunidad de ver».

El primer poema de Fanny, escrito cuando tenía ocho años, refleja su perspectiva de la vida, la cual mantuvo hasta su muerte que ocurrió cuando contaba con 95 años de edad.

¡Oh, qué feliz niña soy,
    Aunque no pueda ver!
He resuelto que en este mundo
    Contenta viviré.
¡Cuántas bendiciones disfruto
    Que otros no pueden tener!
Así que llorar y lamentarme por ser ciega
No puedo, ¡y nunca lo haré!

Durante más de un siglo, la Iglesia ha cosechado en abundancia los beneficios del corazón agradecido de esta mujer cantando «Gloria a Dios», «Promesa Bendita», «Redimidos», «El Señor Siempre me Guía», así como otros tantos himnos de los 8000 escritos por Fanny Crosby en el transcurso de su vida.

En un mundo que ha olvidado cómo ser agradecido, el ejemplo de esta amada escritora ciega de himnos parece fuera de lo común, o por lo menos raro.

¡El precio que pagamos por nuestra ingratitud personal y colectiva! Luego de dos décadas de ministerio dedicado a personas espiritual y emocionalmente lastimadas, he llegado a convencerme de que la falta de gratitud es la causa de mucha de la tristeza, la desesperación y el abatimiento que hoy en día han invadido el alma hasta de los creyentes.

Aún más, podría decir que la raíz de muchos de los pecados que invaden y arrasan a nuestra sociedad se encuentra con frecuencia en la rara vez identificada ingratitud.

Es imperioso cultivar una «actitud agradecida» en nuestros corazones, en

nuestros hogares y en nuestra sociedad.
Su presencia trae consigo un sinnúmero
de bendiciones, mientras que su ausencia
tiene repercusiones profundas y letales.
Consideremos las diferencias entre un
corazón agradecido y uno que no lo es.

*La persona agradecida
es humilde, mientras que la
desagradecida revela un corazón lleno
de orgullo.*

La persona agradecida se siente muy
indigna y, por lo tanto, cree que tiene más
de lo que realmente merece. La persona
desagradecida, por el contrario, siente que
merece más de lo que tiene.

Hoy en día, aún me acuerdo
de la respuesta que daba mi padre
cuando le preguntaban cómo estaba:
«¡Mejor de lo que merezco!». Tenía
un corazón agradecido. Nunca olvidó
la desobediencia y rebeldía que
caracterizaron los primeros 25 años de
su vida, antes de su conversión. Jamás
dejó de sorprenderlo el hecho de que
Dios lo hubiese salvado, y siempre tuvo

un enorme sentido de gratitud hacia Él, incluso por los más mínimos favores.

Siempre me ha impresionado el espíritu agradecido de Rut la moabita. Viuda luego de una década de matrimonio, pobre en un país extraño y «condenada» a vivir con su amargada suegra, Rut busca la forma de mantenerse y mantener a Noemí. Cuando Booz la descubre y le concede el derecho de recoger y espigar en su tierra, se deshace en manifestaciones de agradecimiento tratando de expresar su gratitud por tan generoso gesto.

«Ella bajó su rostro, se postró en tierra y le dijo: ¿Por qué he hallado gracia ante tus ojos para que te fijes en mí, siendo yo extranjera?» (Rut 2:10 Biblia de las Américas).

Tengo el presentimiento de que en circunstancias similares, probablemente yo hubiese pensado, e incluso le hubiese dicho a los demás: «¡Es lo mínimo que podía hacer!». La humildad de esta joven viuda se transluce en su respuesta agradecida por el más pequeño de los gestos de amabilidad que recibió de otra persona.

Henry Ward Beecher dijo de manera muy acertada:

> El orgullo mata al agradecimiento, más una mente humilde es suelo fértil en el que crece espontáneamente una actitud agradecida. Un hombre orgulloso rara vez es agradecido pues cree que no tiene todo lo que se merece.

Un corazón agradecido es consciente de Dios y los demás, mientras que un corazón desagradecido es ególatra.

Las personas agradecidas piensan y hablan de los demás, mientras que las personas desagradecidas se centran en sus propias necesidades, sentimientos, heridas, deseos, en la forma como han sido tratados, rechazados, heridos o engañados. Una persona desagradecida está llena de sí, y su mundo gira alrededor de sí misma. Rara vez se detiene a considerar los sentimientos y las necesidades de los demás.

Como resultado de sus preocupaciones personales, las personas desagradecidas están siempre tomando y exigiendo de los demás, mientras que las personas agradecidas tienen la libertad de dar y amar a otros.

Las personas agradecidas son capaces de amar y buscan gratificar y bendecir a otros, mientras que aquellas que son desagradecidas se inclinan hacia su propia satisfacción.

Una de las consecuencias finales más comunes de la ingratitud es la impureza moral. El hombre o la mujer que no agradece a Dios por la forma en que Él satisface sus necesidades, con facilidad acusa y culpa a nuestro buen Dios. Al rechazar lo que ya ha dispuesto Dios, la persona desagradecida está solo a un paso de satisfacer sus necesidades de manera ilegítima.

Un corazón agradecido es un corazón pleno, mientras que un corazón desagradecido está vacío.

Aun teniendo mucho menos que los demás, las personas agradecidas disfrutan de un sentido de plenitud; pero si las personas no son agradecidas, poco importa todo lo que tengan, siempre vivirán con un vacío tortuoso en el corazón. Yo me imagino un corazón desagradecido como un recipiente con un agujero por el cual se salen todas las bendiciones. La persona agradecida tiene una capacidad ilimitada para disfrutar las bendiciones que Dios le imparte, mientras que la que no lo es no puede disfrutar las que tiene.

El apóstol Pablo nos da un ejemplo contundente de este principio. La epístola a los Filipenses es realmente una extensa «nota de agradecimiento» escrita a los creyentes de Filipos por todas las provisiones materiales que le habían suministrado mientras viajaba con la misión de fundar iglesias.

> «Y ustedes mismos, filipenses, saben que en el principio de la obra del evangelio, cuando salí de Macedonia, ninguna iglesia participó conmigo en

mis ingresos y gastos, excepto
ustedes. Incluso a Tesalónica
me enviaron ayuda una y otra
vez para suplir mis necesidades»
(Filipenses 4:15-16 Nueva
Versión Internacional).

Habiendo expresado su más sentido
agradecimiento por el reciente regalo,
Pablo, desde las entrañas de una prisión
romana y privado de todo excepto las
más elementales necesidades, hace una
declaración admirable: «Pero lo he recibido
todo, y tengo abundancia...» (Filipenses
4:18 Biblia de las Américas). ¿Quién
sino una persona con un corazón muy
agradecido podría haber evaluado su
condición en la cárcel con esas palabras?

Si somos honestos, creo que la mayoría
de nosotros tendría que decir que nuestra
correspondencia en dicha situación
ciertamente hubiera incluido una letanía
de los sacrificios que estábamos haciendo,
el precio que estábamos pagando por
servir al Señor, las comodidades que nos
estaban haciendo falta y las necesidades
físicas y emocionales que teníamos.

¡Pero no Pablo! Con un corazón anegado de gratitud exclama: «Pero todo lo he recibido y tengo abundancia». De hecho, está tan convencido de la inmensa bondad de Dios que procede a asegurar de nuevo a sus lectores la abundancia que para ellos también hay: «Y mi Dios proveerá a todas vuestras necesidades, conforme a sus riquezas en gloria en Cristo Jesús» (Filipenses 4:19, Biblia de las Americas).

Las personas de corazón agradecido se sienten fácilmente satisfechas, mientras que las personas desagradecidas caen en la amargura y el descontento.

Después de haber aconsejado durante muchos años a personas crónicamente infelices, deprimidas, frustradas y emocionalmente inestables, he llegado al convencimiento de que estos «trastornos» por lo general surgen de un corazón desagradecido, cualesquiera que sean las circunstancias externas que aparentemente los justifiquen.

Una persona desagradecida se aferra a sus «derechos», exponiéndose así al dolor y a la decepción cuando Dios o los otros no actúan de acuerdo a sus expectativas. Pero aquella persona que ha cedido todos sus derechos a Dios tiene una visión agradecida de su vida y en su corazón no hay espacio para las emociones egoístas y destructivas.

Los grandes santos de la antigüedad cantaron al unísono sobre este tema. A. W. Tozer hizo la siguiente observación:

> La acción de dar gracias tiene un gran poder curativo. El corazón que rebosa de agradecimiento se salvará de aquellos ataques de tristeza y resentimiento que tanto afectan a muchas personas religiosas.

Matthew Henry escribió en su comentario sobre el libro de Mateo:

> La acción de dar gracias es una respuesta adecuada a los pensamientos obscuros e

inquietantes, y puede llegar a ser
un medio eficaz para deshacerse
de ellos. Los himnos de alabanza
son el bálsamo por excelencia
para el alma decaída y ayudan
a curar la melancolía. Cuando
no tengamos respuesta a la pena
y el temor, podemos recurrir
a pronunciar esta frase: «Te
agradezco, Padre».

John Henry Jowett se expresó con
respecto al tema de la siguiente manera:
«La gratitud es una vacuna, una antitoxina
y un antiséptico». Otro pastor expandió la
analogía:

La gratitud puede ser la
vacuna contra el enfado y el
descontento. Así como las
antitoxinas previenen los
efectos desastrosos de ciertos
venenos y enfermedades, la
actitud agradecida destruye el
veneno que causa el malhumor
y el resentimiento. La acción
de gracias es un antiséptico

refrescante para aquellas
ocasiones en las cuales nos vemos
golpeados por los problemas.

Friedrich Ruckhert lo expresó
sucintamente de la siguiente manera:
«Si hicieras primero una pausa para dar
gracias a Dios por cada una de tus alegrías,
no tendrías tiempo para llorar tus penas».

*Un corazón agradecido se
manifiesta y se expresa a través de
palabras de agradecimiento, mientras
que un corazón desagradecido se
revela a través de protestas y quejas.*

Un espíritu agradecido es el que
permite a quienes lo poseen responder a
las circunstancias difíciles con una acción
de gracias. Como alguien dijo una vez:
«Algunas personas se quejan porque Dios
puso espinas en las rosas, y otras alaban
al Señor por haber puesto rosas entre las
espinas».

De nuevo hago énfasis en lo que
nos enseñan sobre esta materia algunos
creyentes del pasado.

Matthew Henry, el bien conocido comentarista del siglo XIX, al ser atacado por ladrones hizo la siguiente anotación en su diario refiriéndose a dicha experiencia:

> Como primera medida quiero dar gracias puesto que esta es la primera vez que me roban; como segunda medida quiero dar gracias pues, aunque se llevaron mi cartera, no me quitaron la vida; como tercera medida agradezco el hecho de que aunque me quitaron todo, no era mucho; y por último agradezco el que yo haya sido la víctima del robo y no quien lo perpetró.

David Brainerd, el misionero devoto de los indios americanos, quien falleció antes de cumplir 30 años, se caracterizó por tener un espíritu agradecido que le permitió tener siempre presente todas sus bendiciones, hasta en los momentos de más extrema dificultad. En una ocasión, cuando se hallaba de visita donde unos amigos, repentinamente le sobrevino un fuerte dolor de muelas y un severo escalofrío. Durante la noche padeció fiebre bastante alta y un gran dolor en todo el cuerpo. Aún así, le dio gracias a Dios por el hecho de que estas aflicciones le hubiesen atacado mientras se encontraba en compañía de amigos y no en la soledad de la selva.

En otra ocasión, encontrándose en su pequeña cabaña y padeciendo de grandes dolores, tuvo de nuevo un motivo para darle gracias a Dios. La siguiente anotación fue encontrada en su diario: «Bendito sea el Señor que no permitió que me encontrase desprotegido y a la intemperie, sino que me proveyó de una casa y de muchas comodidades para mi bienestar».

Otra vez, al cabo de largas semanas de soledad, avanzando con firmeza por entre pantanos, a través de terreno pedregoso, en la oscuridad de la noche y alejado de toda compañía humana exclamó: «¡Cuántos motivos de agradecimiento se me proporcionan mediante este retiro!». Luego explicó que el contacto con la gente

le brindaba la amistad y la compañía
del mundo, pero la soledad lo llevaba a
experimentar una relación íntima con el
Señor.

*Las personas agradecidas son una
fuente refrescante de vida, mientras
que las personas desagradecidas caen
en las aguas estancadas de su egoísmo,
exigencia y desdicha llevándose consigo
a los demás.*

Todos hemos conocido alguna vez
a alguien cuya compañía nos resultaba
desagradable debido a su visión abatida de
la vida. La falta de gratitud es contagiosa;
envenena y contamina la atmósfera de
nuestros corazones, hogares y relaciones.

De igual forma, la gratitud también
se contagia. No sé si se acuerdan de la
historia de Pollyana, aquella huerfanita
a quien enviaron a vivir con una tía
pendenciera y amargada que no la quería.
En aquella historia, la atmósfera de dicho
hogar y de todo el pueblo literalmente
se transformó cuando Pollyana les
propuso a sus habitantes, todos tristes

y desagradecidos, que participaran en
«El Juego de la Felicidad». Al comienzo,
la gente se burlaba de la extraña
pequeña, quien insistía en buscar algún
acontecimiento alegre cada vez que algo
malo sucedía. Pero finalmente todos se
sintieron constreñidos por el poder de
«una actitud de gratitud».

He aprendido mucho sobre la gratitud de una joven que conocí hace algunos años. Desde su nacimiento, Fran es víctima de una parálisis cerebral. Ha padecido muchas cirugías dolorosas además del divorcio de sus padres no creyentes, la muerte de su padre y una existencia relativamente aislada. Al cabo de unos dos años luego de haber conocido a Cristo, Fran me escribió con el fin de compartir conmigo lo que Dios le había estado enseñando. Hizo una lista de los «aguijones» que tenía que soportar diariamente. Luego concluyó con un poema original hecho por ella y titulado sencillamente:

ACCIÓN DE GRACIAS

Dar gracias es algo que se aprende.
Exige confianza y una plegaria
    diaria.
Cuando las circunstancias son tan
    abrumadoras
Que se tornan imposibles de
    comprender,

Simplemente hay que detenerse a
    contemplar la cruz
La cual irradia un inmenso amor
    para ti.

Es parte del plan de Dios.
No tenemos que comprender.
Tomemos Su mano
porque Dios no tiene límites.

Es así como detrás de cada
    circunstancia existe un
    propósito.
No importa lo difícil que ésta sea,
    simplemente mira a Jesús,
toma Su mano y entiende que Él
    lo hace por ti.

Entonces, nuestro llamado es a ser
agradecidos, a reconocer y a expresar
gratitud por los beneficios que hemos
recibido de Dios y de los demás. Todos
debemos algo, y la forma de pagar
nuestras deudas es con un corazón
agradecido y unas palabras que expresen
este sentimiento. No basta sentir
gratitud en nuestros corazones; debemos

manifestarla a aquellos con quienes estamos en deuda.

De vez en cuando encuentro de utilidad sentarme a pensar en mis «cuentas de agradecimiento». Me pregunto si hay circunstancias en mi vida por las que nunca haya dado gracias, bendiciones que haya recibido por las cuales aún no haya expresado gratitud, y pienso en las personas (familiares, amigos, conocidos, socios, profesores, pastores) que han pasado por mi vida de manera especial y a quienes no he manifestado aún mi agradecimiento.

De hecho, al comenzar este escrito, Dios trajo a mi mente los nombres de varias personas a quienes les debo gratitud, entre ellos, tres autores a quienes no conozco y cuyos textos han impactado de manera importante mi vida y mi relación con Dios. Después de eso he tenido el placer de expresárselo a través de cartas de agradecimiento escritas con todo el corazón.

En al año de 1989, Tony O'Brien, un fotógrafo estadounidense, fue asignado por la revista LIFE para cubrir la caída de Kabul, la capital de Afganistán, luego de la salida de los soviéticos. Al llegar se encontró en medio de una cruel guerra civil y fue encarcelado en una prisión afgana por fuerzas de seguridad soviéticas.

Durante esta traumática experiencia, O'Brien compartió su celda con un musulmán chiíta llamado Nader Alí. Los dos hombres trabaron una gran amistad, y durante su encarcelamiento, Alí se convirtió en fuente de apoyo y esperanza para O'Brien.

Al cabo de un tiempo, varios diplomáticos y colegas lograron la liberación de O'Brien, quien pudo finalmente regresar a su hogar en Nuevo México.

Tres años más tarde, O'Brien se encontraba de nuevo en un avión con destino a Kabul. Un artículo que apareció publicado en la edición de agosto de 1992 de la revista LIFE explicaba el motivo de su regreso.

La última vez que vi a Nader
Alí fue detrás de las rejas como
testigo de mi liberación. Nunca
pensé que lo volvería a ver, jamás
creí volver a Afganistán. Pero
ahora me encuentro en un avión
de regreso al lugar adonde pasé
las semanas más aterradoras
de mi vida. Hay una persona a
la cual necesito expresarle mi
agradecimiento… Les he dado
las gracias a todas las demás
personas: a quienes me sacaron
de aquella prisión y a quienes
llamaron a mi madre todos los
días. Sin embargo, nunca le di
las gracias a la persona que me
dio fuerza para vivir. Afganistán
recobró su libertad, pero yo no la
he recobrado aún.

Durante días, O'Brien anduvo de
un lado para el otro en una ciudad con
un millón y medio de habitantes, con
pocos teléfonos, direcciones y señales y
sin la seguridad de encontrar vivo aún
a Alí. Finalmente su búsqueda se vio

recompensada y pudo agradecer al hombre que tanto había significado en su vida.

Al leer la conmovedora historia de O'Brien no puedo dejar de pensar en la infinita deuda que tanto usted como yo tenemos con Aquel que vino a rescatarnos cuando nos encontrábamos en la prisión de nuestros pecados y nuestro egoísmo, trayéndonos esperanza, liberación y vida.

O'Brien pensaba que no podía ser libre hasta que pagara su deuda de gratitud. Igualmente, creo que usted y yo no nos sentiremos verdaderamente libres, aunque hayamos sido liberados del cautiverio, si nuestros corazones y nuestras palabras no expresan siempre agradecimiento.

Tony O'Brien atravesó la mitad del mundo para agradecer la bondad de un hombre. Tal vez éste sea el momento para hacer un viaje al Calvario con el fin de arrodillarse ante el Salvador y, mirando su dulce rostro, decirle: «¡Gracias Señor, una y mil veces gracias!».

Tú que me has dado tanto dame una cosa más, un corazón agradecido: no agradecido al ritmo de mis deseos, como si Tus bendiciones se escatimaran en ciertos días, sino un corazón que Te alabe con cada latido.

—*George Herbert*

PRÁCTICA PERSONAL

La gratitud debe ser un estilo de vida, pero en nuestra realidad diaria, es fácil caer en la insatisfacción, la queja, la protesta, la crítica o incluso en la amargura, las cuales van tomando el lugar de la «actitud de gratitud».

Si cultivamos un corazón agradecido, nuestras palabras demostrarán lo mismo. Sin embargo, esta costumbre podría requerir alguna práctica.

Podríamos empezar la costumbre separando una semana para dedicarnos a expresar nuestro agradecimiento. A continuación encontrarán algunas sugerencias prácticas. Si lo desea puede incluir a toda la familia en este proyecto.

PRIMER DÍA

Cada capítulo de la epístola a los Colosenses hace referencia a la gratitud al menos una vez. Lea los siguientes versículos y anote el pensamiento que más le impresione: Colosenses 1:3, 12; 2:7; 3:15, 17; 4:2.

_____

_____

_____

_____

_____

_____

La gratitud ha sido definida como «la manera de aprender a reconocer y expresar aprecio por los favores que recibimos de Dios y de los demás».

Trate de memorizar esta definición y repásela al menos una vez al día esta semana.

SEGUNDO DÍA

Antes de expresar nuestra gratitud debemos reconocer específicamente las bendiciones que hemos recibido de Dios y de los demás.

Haga una lista de todas las bendiciones materiales y espirituales recibidas de Dios

y enumérelas. Luego haga una pausa y
agradezca al Señor por cada una de ellas.

BENDICIONES ESPIRITUALES

(Si necesita ayuda para comenzar ¡lea
el primer capítulo de la Epístola a los
Efesios!)

_____

_____

_____

_____

_____

_____

_____

BENDICIONES MATERIALES

_____

_____

_____

_____

_____

_____

_____

TERCER DIA

Hoy, concéntrese en expresar gratitud
a los miembros de su familia y también
por ellos. Haga una lista de todos ellos
(cónyuge, padres, hijos, hermanos,
hermanas, etc.) y luego, al lado de cada
nombre, escriba una cualidad de su vida
por la que usted se sienta particularmente
agradecido.

1. _____

2. _____

3. _____

4. _____

5. _____

6. _____

7. _____

8. _____

Dedique tiempo a agradecer al Señor por haberle dado a cada uno de los miembros de su familia. Luego escoja a tres personas de la lista y exprésales hoy su gratitud, ya sea personalmente, por teléfono o mediante una nota. Puede comenzar diciendo lo siguiente:

> «Hoy le di gracias al Señor por ti. Quiero decirte lo agradecido que me siento por poder contar contigo como miembro de mi familia y especialmente por esta cualidad particular que veo en tu vida…».

(Escoja a uno a quien le haya costado trabajo amar).

CUARTO DÍA

Haga una lista de otras personas que hayan tocado su vida de manera especial. Por ejemplo, pastores, profesores, amigos,

socios comerciales, vecinos, autores,
líderes cristianos, etc. A medida que
vaya escribiendo sus nombres, hágase la
siguiente pregunta: «¿Le he agradecido
alguna vez a esta persona por la forma en
que Dios la ha utilizado para transformar
mi vida?». Una vez que le haya expresado
su agradecimiento a cada persona, ponga
una señal al lado de su nombre que así lo
indique.

❑   1. _____

❑   2. _____

❑   3. _____

❑   4. _____

❑   5. _____

❑   6. _____

❑   7. _____

❑   8. _____

❑   9. _____

❑   10. _____

❑   11. _____

❑   12. _____

❑ 13. _____

❑ 14. _____

❑ 15. _____

QUINTO DÍA

En el día de hoy trate de llamar a tres de las personas de la lista que elaboró el día anterior y expréseles su gratitud por la influencia que han ejercido en su vida y por el servicio que le han prestado.

SEXTO DÍA

Pablo enseñó a los creyentes de Éfeso a «[dar] gracias siempre por todo...» (Efesios 5:20).

Una mañana, mientras se lavaba los dientes, un cristiano meditaba en este versículo sintiéndose así motivado a llevarlo a la práctica. La idea de darle gracias a Dios por todo le pareció buena. «Comencé por agradecerle mi cepillo de dientes, luego le di las gracias por la pasta de dientes, y de pronto caí en la cuenta de que ¡jamás le había agradecido

por haberme dado mis dientes!». A
continuación se preguntó: «Si las provisiones de mañana dependieran de
las gracias que damos hoy, ¿cuánto
tendríamos mañana?».

A medida que el día transcurre, trate
de agradecer conscientemente a Dios por
todo… ¡por las cosas pequeñas y por las
grandes!

SÉPTIMO DÍA

Al meditar en el tema de la gratitud
y avanzar en el proceso de dar gracias,
¿le resulta difícil agradecer ciertas cosas,
circunstancias o personas?

La Dra. Helen Roseveare, misionera
durante mucho tiempo en el Congo,
contaba un episodio de su vida durante
el cual sufrió un vergonzoso maltrato por
parte de soldados rebeldes. Describía la
lucha tan dolorosa que libró dentro de su
corazón tratando de encontrarle sentido a
la humillación y al sufrimiento físico que
había padecido. Luego relató el descanso y
la paz que le sobrevinieron al sentir a Dios
preguntándole: «Helen, ¿estarías dispuesta

a agradecerme aquellas cosas que nunca te
concederé el privilegio de entender?».

Haga una lista de circunstancias,
eventos, pruebas o relaciones que hayan
ocurrido en el pasado o estén ocurriendo
en la actualidad y por las cuales no haya
tenido todavía la oportunidad de dar
gracias. Luego, como expresión de fe
y ejercicio de obediencia diga: «Señor,
te doy las gracias por _____ y
por _____, circunstancias que tal
vez nunca me concedas el privilegio de
entender». Al hacerlo estará reconociendo
que Dios es el «Bendito Controlador»
de todas las circunstancias que rodean
su vida, y que usted confía en Él y en Su
soberana elección para su vida.

Circunstancias difíciles por las cuales
Dios quiere que le exprese mi gratitud:

1. _____

2. _____

3. _____

4. _____

5. _____

6. _____

7. _____

8. _____

9. _____

10. _____

11. _____

12. _____

Luego de una semana dedicada a meditar sobre el tema de la gratitud, me gustaría desafiarlo a que convierta la acción de gracias en un hábito de toda su vida. ¡Verá que el mundo se ve totalmente diferente cuando se aprende a verlo con ojos agradecidos!

Agradecer a Dios por todo es en realidad un deber difícil de cumplir, ya que implica el dar gracias por toda clase de pruebas, todos los sufrimientos y los dolores, por los reproches y por la soledad. Sin embargo, no lo es para quienes han aprendido a entregarse.

—Priscilla Maurice

Cómo liberarse
de la amargura
y el dolor

El
Perdón

Heridas y cicatrices

Somos una generación de gente herida. La semana pasada una mujer me hizo partícipe de la conmoción que había sufrido recientemente cuando su marido le dijo que sostenía una relación amorosa. En una conferencia, una señora de edad se puso de pie y le contó a la audiencia que su hija había sido perseguida y luego asesinada catorce años atrás. Luego, dirigiéndose a mí, me dijo: «Durante catorce años he odiado a ese hombre. ¿Cómo lo perdono? ¿Cómo puedo perdonarlo?».

Tal vez usted haya atravesado por una experiencia igualmente traumática, o probablemente haya sufrido una serie de penas menores. ¿Cómo podemos manejar las heridas y las ofensas? En primer lugar, es importante entender que sufriremos heridas. En un mundo postrado y en pecado, el dolor es inevitable. Todos hemos sido y seremos ofendidos, heridos y tratados injustamente.

Quizás un amigo cercano le ha mentido o le ha mentido a otros sobre usted.

Posiblemente cuando niño o adolescente, usted sufrió la burla o el rechazo de un padre, o algún adulto en quien confiaba lo perturbó o abusó de usted. Tal vez alguien le haya hecho trampa o le haya robado, o puede ser que alguien haya abusado sexualmente de un hijo suyo, y como madre preferiría sufrir el daño usted misma antes de ver a su hijo herido o maltratado. Probablemente usted haya sido herida por un patrón o incluso por un líder espiritual quien resultó no ser auténtico.

Es posible que haya iniciado una relación amorosa llena de ilusiones con un hombre que le prometió serle fiel hasta la muerte. Este sueño se ha convertido en una pesadilla de desengaño, infidelidad y rechazo. Cuando menciono dolor, vienen a nuestra mente nombres, caras y eventos. Somos una generación de gente herida. Llevamos heridas y cicatrices profundas que tal vez nadie ve. Muchas mujeres me dicen: «Estoy furiosa. Estoy furiosa con mi esposo, con mis padres, con mis hijos, con mi pastor o con mi patrón». Además, cada

vez con mayor frecuencia escucho la queja:
«Estoy furiosa con Dios». En definitiva,
todo se resume en este sentimiento.
Si Dios es tan poderoso, tan bueno y
misericordioso, ¿por qué permitió que esto
sucediera?

Somos una generación de gente herida,
y nuestra amargura latente se convierte
en ira, odio y finalmente en venganza y
violencia. ¿Se ha preguntado alguna vez
de dónde viene esta violencia sin sentido?
¿Por qué los chicos llegan un día al colegio
y vuelan las cabezas de otras personas?
¿Ha oído alguna vez que el animal más
peligroso del bosque es el que está herido?
Hay una enorme cantidad de personas
maltratadas que nunca aprendieron a
manejar sus heridas y ahora hieren a otros.

Nuestra respuesta: Dos caminos divergentes

El producto de nuestra vida, quiénes
somos y en qué nos convertimos, no está
determinado por las cosas que nos pasan.
Claro está que las circunstancias que

forman el telón de fondo de nuestra vida
nos afectan y dejan huellas en nuestro
corazón que siempre van a ser parte de
nuestra experiencia. Sin embargo, esos
eventos, por horribles que sean, no tienen
el poder de determinar el fin de nuestra
vida. La forma en que respondemos
a lo que nos pasa es lo que realmente
determina lo que será nuestra vida.

Mientras creamos que nuestra vida está
determinada por las cosas que nos pasan,
siempre seremos víctimas. Esa creencia
es una mentira peligrosa. Sin embargo,
cuando nos damos cuenta de que somos
hijos de Dios, mediante su gracia, tenemos
el poder de escoger cómo responder a
lo que nos ha pasado. Esto es liberador
puesto que significa que ya no somos
víctimas. Tenemos una oportunidad y
podemos decidirnos a ser libres.

Cada vez que nos hieren tenemos la
oportunidad de escoger cómo responder
a nuestro ofensor. Esencialmente hay dos
maneras de hacerlo. Podemos convertirnos
en «cobradores de deudas»: «¡Usted me
hizo daño y por lo tanto me las debe!

¡Voy a vengarme!». Tomamos como rehenes a las personas y las ponemos en una prisión para deudores. Nos llenamos de resentimiento y de amargura. Este es el peligroso camino del desquite. «Te haré pagar». Podemos hacerlo sutilmente o abiertamente, pero el resultado es el mismo.

Existe otra manera de responder. Es el camino de Dios. Es el camino del perdón, mediante el cual decidimos liberar a nuestros ofensores de la prisión, ya sea que se lo merezcan o no. Quiero hacer énfasis en el hecho de que perdonamos no porque nuestros ofensores merezcan ser perdonados, sino porque Dios nos ha perdonado a nosotros. Tan solo la gracia de Dios, su regalo de misericordia inmerecida basada por completo en el mérito del sufrimiento y muerte de Jesucristo por nosotros, nos libera del pecado, la culpa y la muerte. Esta es la misma gracia que podemos ofrecer a aquellos que nos han ofendido. Este no es el camino de la revancha, sino de la restauración y de la reconciliación.

Antes de la reconciliación, debe existir el perdón. ¿Qué es el perdón? El perdón no es una emoción, sino una oportunidad. Perdonamos no por sentimiento sino mediante un acto de voluntad. Es importante que entendamos y nos acordemos que Dios, quien nos perdonó, nos ordena que perdonemos a otros. El perdón no es una opción para el hijo de Dios. Se nos ordena perdonar a pesar de lo que sintamos y de la ofensa que hayamos recibido.

Tal vez las palabras de Jesús en Marcos 11:25 le sean familiares. «Y cuando estén orando», (ya sea en la iglesia o solos) «si tienen algo contra alguien, perdónenlo». ¿Existe algún padre, hermano, compañero anterior, hijo, pariente político, patrón, amigo, vecino o pastor por quien usted sienta algún resentimiento? Jesús dijo que si usted guarda algún resentimiento en contra de alguien, debe perdonarlo. Perdónelo para que sus pecados sean también perdonados por su Padre en el cielo.

En Efesios 4:31 Pablo dijo: «Abandonen toda amargura, ira y enojo, gritos y calumnias, y toda forma de malicia». La palabra «toda» es muy importante, pues la mayoría de nosotros hemos dejado a un lado la mayor parte de nuestra amargura pero reservamos un poquito en nuestros corazones. La pequeña semilla de amargura que usted deja sembrada en su corazón crece y se fortalece convirtiéndose en su perdición. Jesús nos dice a través del Apóstol Pablo: «Pónganla a un lado. Desháganse de esta. Córtenla de raíz». ¿Sabe que puede vivir sin amargura en el corazón? «Más bien, sean bondadosos y compasivos unos con otros, y perdónense mutuamente, así como Dios los perdonó a ustedes en Cristo» (Efesios 4:32).

UN TRAJE DE LUJO

En un pasaje similar, Colosenses 3:12, Pablo dice «...como escogidos de Dios, santos y amados...». Este es un punto crucial, usted no puede verdaderamente perdonar si no es hijo de Dios. El perdón es imposible si sus pecados no han sido perdonados por Dios a través del sacrificio

de Jesucristo por usted en la cruz. Pablo
dice que: «Por lo tanto, como escogidos
de Dios, pertenecientes a Dios, santos y
amados, revístanse de afecto entrañable
y de bondad, humildad y paciencia» (vea
el versículo 13 también). Es una lista
considerable. ¿No es así?

Preguntémonos si estas palabras nos
describen, como esposos y padres, en
nuestro sitio de trabajo, como empleados o
como patrones. Al vestirse por la mañana,
¿piensa en ponerse los vestidos del afecto,
la bondad, la humildad, la amabilidad
y la paciencia? ¿Se puede imaginar lo
diferentes que serían nuestros hogares,
nuestras iglesias y nuestras comunidades
si usáramos esas cinco prendas? Apóyense
unos a otros. Perdónense si alguno tiene
una queja contra el otro. Así como el
Señor los perdonó, perdonen también
ustedes.

EL MODELO PERFECTO: LA GRACIA QUE CUBRE TODOS LOS PECADOS

Esto nos hace preguntar: ¿Cómo nos perdona Dios por haber asesinado a su único Hijo? El Salmo 103:10-12 dice: «No nos trata conforme a nuestros pecados ni nos paga según nuestras maldades. Tan grande es su amor por los que le temen como alto es el cielo sobre la tierra. Tan lejos de nosotros echó nuestras transgresiones como lejos del oriente está el occidente». Su perdón es completo, permanente, incondicional e inmerecido.

Es maravilloso que usted y yo podamos perdonar a otros con la misma gracia con la cual Dios nos ha perdonado. Todos hemos pecado en contra de Él. Sin embargo, cuando nos volvemos a Él con arrepentimiento y fe, Él vierte su perdón incondicional y su gracia, y esa misma gracia puede entonces fluir a través de nosotros con el fin de perdonar a aquellos que nos han hecho mal.

En los textos originales escritos en hebreo y griego las palabras que

se traducen como «perdonar» tienen
significados diferentes pero relacionados.
Quieren decir «llevarse lejos», «enterrar»,
«cubrir», «perdonar», «reconciliar», «pasar
por alto», «enviar lejos», y «restaurar con la
gracia». Pablo dice que las transgresiones
de aquellos que siguen a Jesús, han sido
perdonadas, habiéndoseles borrado el
registro de deudas que tenían con Él.
Él ha anulado todos nuestros crímenes; los
clavó en la cruz (Colosenses 2:14). Nuestro
pecado fue pagado cuando Jesús fue al
Calvario y murió en lugar nuestro.

El perdón es realmente una promesa. Es
la promesa de no volver a sacar a colación
aquellos pecados que han sido cometidos
en contra nuestra: ni ante Dios, ni ante la
persona culpable, ni ante nadie. A veces
algunas señoras me dicen: «He perdonado
a mis padres, pero...» y proceden a hacer
una lista de todas las cosas hirientes
y horribles que sus padres (o pareja, o
anterior pareja, o hijo) les han hecho. Es
obvio que no han perdonado. El perdón
es la promesa de no guardar rencor contra
aquella persona que nos ha herido.

Lo que una computadora nos puede enseñar

Sé lo suficiente de computadoras como para entender que son peligrosas, y hay una cosa que especialmente he aprendido a las malas. ¡Cuando se oprime la tecla de borrar, su trabajo se pierde! La memoria se borra. Esta es la imagen de lo que pasa cuando perdonamos. El perdón se otorga no porque la otra persona se lo merezca, ni siquiera porque se lo pida, sino porque Dios nos ha perdonado convirtiéndonos entonces en canales de ese perdón y de esa gracia. Así que oprimimos la tecla y borramos el registro de sus faltas, como si jamás hubiesen pecado en contra nuestra. Es así como Dios nos ha perdonado y es así como Él nos pide que perdonemos a otros.

Después de leer la definición del perdón, piense si hay una o más personas que le hayan herido o le hayan hecho mal a lo largo de su vida y a quienes usted jamás ha perdonado. ¿Existe alguna raíz de resentimiento o amargura en su corazón? Cuando hago esta pregunta en conferencias, el noventa por ciento de la audiencia me responde positivamente.

Siento un peso en el corazón pues veo que pretendemos ser pecadores perdonados que han recibido la gracia de Dios. Les decimos a los demás que necesitan lo que nosotros tenemos. «Necesitan el evangelio y la gracia de Dios. Él puede perdonarlos, limpiarlos, borrar sus pecados y liberarlos de sus culpas». Pero aquellos a quienes hablamos nos conocen. Son nuestros parientes, nuestros vecinos, y escuchan la manera en que hablamos de nuestra antigua pareja o de nuestros parientes políticos. Son nuestros compañeros de trabajo y ven cómo tratamos a los demás. Por lo tanto nuestro mensaje del evangelio de Jesucristo no es creíble porque nosotros, quienes decimos haber sido perdonados y quienes tenemos este evangelio del perdón, no perdonamos.

¿PRISIÓN O PERDÓN?

Cuando rehusamos perdonar no nos diferenciamos en nada del mundo que nos rodea. Creo que el mundo se apresurará a abrir un sendero hacia Jesús cuando nosotros, los que hemos sido perdonados, nos decidamos a convertirnos en personas clementes y perdonadoras. La culpa es una carga pesada y el mundo quiere verse libre de ella. Muchos de nosotros soportamos cargas muy pesadas que son fruto del resentimiento y la amargura. Dios quiere librarnos de ese resentimiento y de esa amargura y, al hacerlo, creo que nuestro mensaje será más creíble al mundo.

¿Qué pasa cuando rehusamos perdonar? Quiero que entiendan esto, porque si lo hacen estarán más dispuestos a tomar esta difícil decisión. En primer lugar, cuando rehusamos perdonar nos convertimos en prisioneros de aquellos que nos han tratado mal. Creemos que los estamos poniendo en una prisión pero realmente somos nosotros los que nos convertimos en prisioneros.

Un vívido ejemplo de lo anterior se me presentó al oír el testimonio de una mujer que asistía a una de nuestras conferencias. Ella se puso de pie y dio su testimonio

sobre la manera en que Dios había estado
trabajando en su corazón con respecto al
tema del perdón. Siendo niña, ella y una
amiga fueron a visitar al alguacil de policía
del pueblo quien, según ellas creían, era su
amigo. Su oficina quedaba en el edificio
de la cárcel del pueblo y cuando llegaron
al lugar, su amiga salió a jugar. En ese
momento este hombre, en quien ella
confiaba, le dijo: «Si alguna vez le dices a
alguien lo que estoy a punto de hacerte,
te encierro en una de esas celdas. Si le
llegas a decir a tus padres, también los
encerraré a ellos». Luego comenzó a abusar
sexualmente de esa pequeña niña.

Esta mujer dijo: «Cuando esto sucedió,
encerré a ese hombre en una prisión dentro
de mi corazón, y boté la llave. Todos estos
años lo he tenido encerrado ahí». Este
hombre ya está muerto, pero, continuó
ella: «Aún se encuentra en esa prisión.
Lo que hasta ahora me doy cuenta es
que todos estos años, era yo la que estaba
encarcelada ya que rehusaba perdonarlo».

Esto ha afectado su matrimonio de
muchas formas; en muchas áreas no se

sentía realmente libre en la relación con su marido. Dios le mostró la misma llave de la cual hablamos, y cuando ella tomó esa llave y liberó de la prisión a ese hombre, Dios tomó una llave aun más grande, la llave de la gracia, y la liberó. Cuando rehusamos perdonar, nos convertimos en prisioneros de aquellos que nos han hecho daño.

¿Cuántas veces debo perdonar?

En Mateo 18:21-22: «Pedro se acercó a Jesús y le preguntó: "Señor, ¿cuántas veces tengo que perdonar a mi hermano que peca contra mí? ¿Hasta siete veces?"». Creo que Pedro pensaba que estaba siendo generoso ya que la ley de los fariseos solo requería que la gente perdonara tres veces. Jesús respondió: «No te digo que hasta siete, sino hasta setenta veces siete» (RVR-60). ¿Está Jesús diciéndonos que cuando usted haya perdonado cuatrocientas noventa veces puede dejar de perdonar? No, todo lo contrario. Jesús

está diciendo: «Pedro, no lleves la cuenta.
Sigue perdonando». De hecho, yo creo
que está diciendo: «Pedro, puedes parar de
perdonar cuando yo pare de perdonarte a
ti, y eso jamás sucederá». ¡Perdone hasta
que pierda la cuenta!

Jesús, como era su costumbre, empezó a
contar una historia para ilustrar su punto.
En los versículos 23-24, Él dice: «Por eso
el reino de los cielos se parece a un rey
que quiso ajustar cuentas con sus siervos.
Al comenzar a hacerlo, se le presentó uno
que le debía miles y miles de monedas
de oro». Esta era una deuda que él jamás
podría pagar. Una moneda era equivalente
a aproximadamente 20 años de sueldo
para un obrero, así ¡10.000 monedas serían
el equivalente al sueldo de 200.000 años,
una deuda que jamás podría ser pagada!

Luego en los versículos 25-26, Jesús
continúa: «Como él no tenía con qué
pagar, el señor mandó que lo vendieran a
él, a su esposa y a sus hijos, y todo lo que
tenía, para así saldar la deuda. El siervo
se postró delante de él. "Tenga paciencia
conmigo —le rogó—, y se lo pagaré

todo"». Claro está que esto era ridículo, ya que bajo ninguna circunstancia el siervo podría pagar la deuda. Sin embargo, su señor tuvo misericordia de él, le canceló la deuda y le permitió irse. Oprimió la tecla de borrar.

«Al salir, aquel siervo se encontró con uno de sus compañeros que le debía cien monedas de plata». Una moneda de plata era el sueldo diario para un obrero, así 100 monedas de plata serían aproximadamente un salario de tres meses. Esta era una gran cantidad de dinero, pero nada en comparación con la deuda enorme que le había sido perdonada recientemente. «Lo agarró por el cuello y comenzó a estrangularlo. "¡Págame lo que me debes!", le exigió. Su compañero se postró delante de él. "Ten paciencia conmigo —le rogó— y te pagaré". Pero él se negó. Más bien fue y lo hizo meter en la cárcel hasta que pagara la deuda» (Mateo 18:28-30).

Cuando leo la historia de este hombre, se me sube la presión sanguínea hasta que el Espíritu Santo me señala con su dedo y me dice: «¿No es eso lo que haces cuando

rehúsas perdonar? ¿Cuando guardas
rencor? ¿Cuando rehúsas oprimir la tecla
de borrar?». Yo no diría que soy una
persona amargada; a ninguno de nosotros
nos gusta considerarnos amargados. Sin
embargo, cuando pensamos desde la
perspectiva de Dios debemos reconocer
que hay renuencia en nuestros corazones
a perdonar, lo cual inevitablemente nos
conduce a la amargura.

«Cuando los demás siervos vieron
lo ocurrido, se entristecieron mucho y
fueron a contarle a su señor todo lo que
había sucedido. Entonces el señor mandó
llamar al siervo». «¡Siervo malvado! —le
increpó—. Te perdoné toda aquella deuda
porque me lo suplicaste. ¿No debías tu
también haberte compadecido de tu
compañero, así como yo me compadecí de
ti?» (Mateo 18:31-33). ¡Este es un lenguaje
bastante fuerte! Él dijo: «¡Malvado!».
«Y enojado, su señor lo entregó a sus
carceleros para que lo torturaran hasta que
pagara todo lo que debía» (Mateo 18:34).
Cuando rehusamos perdonar, Dios nos
entrega a nuestros atormentadores.

El alto costo de la amargura

¿Qué son esos atormentadores? Pueden ser varias cosas. Creo que muchos desórdenes crónicos emocionales, gastrointestinales, cardíacos y musculares así como la depresión tienen su raíz en el resentimiento y en la renuencia a perdonar. Esto no significa que dichos desórdenes estén solamente en nuestra mente, o que sean psicosomáticos, pero Dios nunca diseñó nuestros cuerpos para que soportaran el peso de conflictos no resueltos o de la amargura. De hecho, los conflictos se traslucen en nuestro rostro. Al mirar a las mujeres hoy en día, vemos las líneas de la amargura dibujadas en su cara. No hay nada malo en aparentar ochenta años si se tienen ochenta años. Sin embargo, algo anda mal si tenemos cincuenta años y nos vemos de ochenta.

Jesús dijo que si rehusábamos perdonar Dios nos entregaría a nuestros atormentadores. Tal vez se pregunte si los padecimientos y los dolores que sufre son el signo de que usted es una persona amargada. Esto no necesariamente es así. Sin embargo, debe preguntarle al Señor si hay algo que Él esté tratando de decirle con respecto a la forma en que su cuerpo está reaccionando a cualquier amargura o mala voluntad.

Otra consecuencia de rehusar perdonar es la de no poder sentir el amor y el perdón de Dios. Al final de esta historia, Jesús dijo: «Así también mi Padre celestial los tratará a ustedes, a menos que cada uno perdone de corazón a su hermano» (Mateo 18:35). Nos dijo que perdonásemos y nos enseñó a orar de la siguiente manera: «Perdona nuestras ofensas así como nosotros perdonamos a los que nos ofenden». ¿Cuál sería el resultado si Dios solo nos perdonara hasta el punto en el cual nosotros perdonamos a los que nos ofenden? ¿Qué pasaría si Él guardara los mismos resentimientos que guardamos en contra de otros? ¿Podríamos rendirle cuentas a Él? Jesús dijo: «Dichosos los compasivos, porque serán tratados con compasión» (Mateo 5:7).

Alguien dijo que la amargura era
como un ácido; destruye el contenedor
que la guarda. Cosechamos consecuencias
en nuestra vida, algunas físicas y otras
emocionales, y tal vez, más adelante,
es posible que nuestros hijos y nietos
sufran las consecuencias de nuestra falta
de perdón. Hemos visto en la palabra
del Señor que Él considera el perdón
como algo muy serio. Ha dicho que si no
perdonamos a otros no experimentaremos
su amor y su perdón en nuestra vida.

LO OCULTO Y LA REBELIÓN

De hecho el Apóstol Pablo nos
dice en 2 Corintios 2:11, que cuando
rehusamos perdonar, realmente le
estamos dando a Satanás un espacio
en nuestra vida abriéndola así para que
pueda influenciarnos y atacarnos aun
más. Existen varias cosas que le abren
la puerta a Satanás para que penetre
en nuestra vida y una de ellas es el
vínculo con las cosas relacionadas con lo
oculto. Por esto me refiero a las sesiones

espiritistas, a los horóscopos, a las tablas
Ouija, a los médiums, a los cristales,
a las cartas del tarot y a la meditación
trascendental.

En el término de seis meses dos mujeres
que se hacían llamar cristianas instaron
en dos ocasiones diferentes a una de
mis amigas, quien recientemente había
perdido a su madre, a que se comunicara
con la muerta. Esto ocurrió durante una
conferencia en una iglesia conservadora
dedicada a enseñar la Biblia. Es tan fácil
ser engañados hoy en día.

Si usted ha estado involucrado con
algo relacionado con lo oculto o con la
astrología, le ha abierto una puerta a
Satanás para que ejerza una influencia
sobre usted. Esto pudo haber ocurrido
hace años cuando era todavía una niña y
todo el mundo jugaba con la tabla Ouija
cuando se reunían a dormir en casa de
alguna amiga. Deuteronomio 18:10-14
nos dice que no debemos tener ningún
contacto con lo oculto. Tal vez le cause
risa, pero usted no debería ni siquiera leer
los horóscopos. Yo no lo hago porque no

quiero entrar en el territorio del diablo y abrirle una puerta para que tenga influencia sobre mi vida.

Si usted ha estado involucrado en algunos de los juegos y herramientas de Satanás a través del ocultismo necesita renunciar a este vínculo. Invoque la sangre de Cristo para que limpie su corazón, su mente y su espíritu de manera que Satanás no tenga influencia sobre usted, sobre sus hijos o sobre sus nietos.

Hay una segunda cosa que le permite a Satanás ejercer influencia en nuestra vida; la rebelión y el rechazo a someterse a la autoridad. En 1 Samuel 15:23, Samuel le dice a Saúl: «La rebeldía es tan grave como la adivinación...». Algunos de ustedes, a quienes ni siquiera se les ocurre pensar en involucrarse con asuntos de hechicería, no toman con la misma seriedad el rechazo a la autoridad, ya sea en el hogar, en el trabajo o en la iglesia. Cuando nos salimos de la cobertura de las autoridades que Dios ha establecido para nuestra vida, nos convertimos en blanco para el Enemigo.

La tercera cosa que permite que el
Enemigo penetre en nuestra vida es el
rehusar perdonar. Pablo dice que cuando
rehusamos perdonar le damos ventaja
a Satanás (2 Corintios 2:10-11). Usted
puede estar sufriendo las consecuencias
de la rebelión contra las autoridades o de
la amargura, aunque tal vez no reconozca
que este tipo de actitudes son la raíz de sus
problemas. Satanás puede estar causando
estragos en su vida porque usted le ha
dado la oportunidad. En Hebreos 12
leemos que cuando rehusamos perdonar,
una raíz de amargura crece en nuestra
vida que nos crea problemas y por último
corrompe a muchos.

El primer paso hacia el perdón

¿Cómo debemos entonces responder
a quienes han pecado en contra nuestra?
Primero, aunque en las Escrituras no lo
dice específicamente, creo que un punto
de partida acertado es el identificar a
aquellos que nos han ofendido. Le animo
a que tome una hoja en blanco y dibuje

dos líneas verticales de manera que
queden tres columnas: derecha, centro e
izquierda. En la columna de la izquierda,
escriba los nombres de las personas que
han pecado en contra suya y cuyas ofensas
usted aún guarda en su corazón. Luego,
en la columna del centro escriba cómo lo
ofendió esa persona. ¿Cuál fue esa ofensa?

Usted puede estar pensando así: «Creí
que debía enterrar lo sucedido». El perdón
no significa tratar de enterrar el dolor o
pretender que jamás hubo algo mal hecho.
Dios quiere encontrarse con usted justo en
medio de su dolor. Quiere que lo enfrente
cara a cara y que a través de la esclavitud
de esas ofensas encuentre paz y libertad.

No estoy sugiriendo que saque a relucir
cosas de las cuales ya ni se acuerda. Creo
que esa es una tontería de la psicoterapia
moderna. Dios es capaz, a través de su
poder divino, de eliminar de su memoria
cosas que Él no quiere que usted recuerde,
así que sea agradecido y no luche contra
Dios si hay cosas que Él ya retiró de su
memoria. Me refiero a heridas y dolores de
su pasado o su presente que usted ya olvidó.

Una conciencia tranquila

Después de haber identificado a
aquellos que le han ofendido, asegúrese de
que su conciencia esté limpia con respecto
a dichos individuos. Cuando piense en
cada uno de ellos pregúntese a sí mismo:
«¿Cómo les he respondido?». Escriba su
respuesta en la tercera columna. ¿Los ha
bendecido, amado, perdonado y orado
por ellos? O por el contrario, ¿los ha
despreciado y sentido resentimiento hacia
ellos? ¿Ha calumniado a su antigua pareja
ante sus hijos, se ha vengado de ella o ha
sentido odio y rabia en su contra? Usted
no puede avanzar en el proceso del perdón
hasta que su conciencia no esté limpia con
respecto a aquellas personas que le han
ofendido.

Dios le pide que tome responsabilidad
no por las ofensas de ellos, sino por las
suyas. Si sus respuestas no han sido malas
entonces no se invente algo de lo cual deba
pedir perdón. Usted no es responsable de
lo que le han hecho (columna del medio),
sino de su respuesta a aquellos que le han

ofendido (columna de la derecha). Puede
que piense lo siguiente: «¡Me equivoqué
tan solo en un cinco por ciento, él tuvo la
culpa en un noventa y cinco por ciento!».
Me pregunto si la otra persona contestaría
de la misma manera si le pidiéramos que
dijese lo mismo. Dios le pide que se haga
cien por cien responsable de su cinco, diez
o cincuenta por ciento. Las Escrituras
dicen que cada hombre es bueno según su
propio criterio pero el Señor juzga y valora
el espíritu.

Nuestro orgullo nos hace pensar
inmediatamente que nosotros somos los
ofendidos, que somos las víctimas, y en
muchos casos es cierto. Sin embargo, es
muy difícil ser humildes y reconocer que
hemos hecho mal a otros o que hemos
contribuido a aumentar la contienda en
una relación. Dios nos pide que asumamos
la responsabilidad que nos corresponde y
que busquemos el perdón de los pecados
que hemos cometido en contra de esos
individuos. Pero, cuando busque ser
perdonado no se dirija a su antigua pareja
diciéndole: «¡Siento mucho no haber

sido la esposa que he debido ser, pero
creo que hubiera sido una mejor esposa
si tu no hubieras sido tan mal marido!».
Necesitamos asumir la responsabilidad por
las ofensas que hemos cometido en contra
de otros y buscar su perdón.

EL PERDÓN ES SOBRENATURAL

Por último, busque perdonar por
completo a cada persona que haya pecado
en contra suya. Escucho a muchas mujeres
decir: «Soy consciente de que necesito
perdonar a mi madre o a mi suegra, a mi
hijo o a mi hija, a mi pareja o a mi amiga».
Esto no es suficiente. El Enemigo lo
único que desea es que usted jamás llegue
verdaderamente a perdonar. He oído a
personas orar «Señor, por favor, ayúdame
a perdonar a tal persona». Eso está bien,
pero no es suficiente. Debe llegar al punto
en el cual diga: «Decido perdonar a esta
persona por lo que me ha hecho. Limpio
todas sus ofensas y oprimo la tecla de
borrar». Podemos dar el perdón. No es
natural, es sobrenatural. Solo por la gracia

de Dios y por el poder de su Espíritu podemos verdaderamente perdonar. Perdonamos mediante la fe, como un acto de voluntad y de obediencia a Dios.

A continuación les narro algunos testimonios que me enviaron unas mujeres que tomaron la decisión de perdonar. Una de ellas dijo: «Decidí perdonar a mi marido por la relación sexual que tuvo con su novia anterior antes de que nos conociéramos. He guardado este dolor en mi corazón durante cuatro años. Me ilusiona abrazarlo y decirle que lo he liberado».

Otra mujer dijo: «Dios me ha hecho caer en cuenta de la semilla de amargura que tenía en mi corazón hacia mi marido porque no cumplía con mis expectativas. ¡Finalmente he podido liberarlo de esa prisión!».

Otra me escribió: «En mis peticiones de oración había pedido que oraran por mi problema de espalda. Después de haber tomado la decisión de perdonar a mi madre y a mi hermana, noté que el dolor de espalda desaparecía. Había padecido este dolor durante varios meses. Creo que mi corazón así como mi cuerpo sanaron después de haberme decidido a dar el paso hacia el perdón».

No le prometo que sus dolores desaparezcan cuando usted tome la decisión de perdonar. Sin embargo, creo que nos ahorraríamos mucho dinero en médicos, consejeros, terapeutas y libros de autoayuda si nos decidiéramos a perdonar.

LA HISTORIA DE KATHY

A continuación mi amiga Kathy nos relata su camino hacia el perdón:

«Cuando tenía dieciséis años fui asaltada sexualmente por tres jóvenes a quienes yo consideraba mis amigos. En ese momento comprendí el significado del odio. Era tal el deseo de venganza que honestamente pienso que los hubiera podido matar si hubiese sido posible salir indemne. Nunca se lo dije a nadie, ni a mi madre, ni a mi padre, a nadie. Pero en el fondo de mi corazón creía que aquellos jóvenes probablemente se lo habían dicho a todo el mundo... Mi último año de secundaria fue horroroso.

Tan pronto como salí del colegio, me fui de ese pueblo. Nunca regresé a visitar a nadie, excepto a mis padres. Con el transcurso de los años pienso que he perdonado, pero no sé si verdaderamente lo he hecho puesto que pienso mucho en eso. Ninguna de sus vidas han tenido valor alguno... Es algo que he llevado en mi corazón por tantos años... Finalmente, hace tres años, tuve el coraje de confesárselo a mi esposo. Él lo sabía todo el tiempo pues yo no podía ver en televisión ningún programa relacionado con violaciones. Pero bendito sea y gracias a Dios... nunca me presionó.

Tengo tanto de que estar agradecida puesto que han habido tantas cosas difíciles en mi vida... pero Dios se ha compadecido de mí. Siento como si Él tuviera reservado para mí un trabajo mayor. Realmente he luchado por ser fiel a Dios y por hacer su trabajo. Pero sé que hasta que no libere todas esas cosas... no dejaré de tener miedo.

Perdono a esos jóvenes... los perdono y oro por ellos para que puedan obtener el perdón que yo he obtenido en mi vida».

Dios le ha mostrado a Kathy algo que la mayoría de creyentes que han sufrido experiencias similares no han tenido en cuenta nunca. No se trata solamente de Kathy, sino de los medios de Dios y de su glorificación en nuestra vida. Lo que le pasó a Kathy cuando tenía dieciséis años de edad es una atrocidad abominable. Es malvado, es infame y esos hombres responderán a Dios por sus pecados. La gran mayoría de personas contra quienes se han cometido ofensas no pueden admitir la forma en que han pecado en contra de sus ofensores. Kathy fue muy sincera. Admitió que no solo los había odiado, sino que si hubiese sido posible los habría matado.

Al leer esta historia, haya o no haya enfrentado personalmente una situación similar, ¿no siente compasión por Kathy y entiende su deseo de venganza? Sin embargo, si vamos a ser instrumentos de clemencia en la vida de otros necesitamos ayudarnos mutuamente a seguir la

verdad. Dios ha hecho eso por Kathy.
Él le demostró que su odio y deseo de
venganza son también malvados. Ella ha
sido la que durante todos estos años ha
estado esclavizada aunque no haya tenido
ninguna responsabilidad de lo que pasó.
¿Por qué está esclavizada? ¿Por qué ha
estado paralizada durante décadas por
culpa del pecado de otros?

A menos que usted lo permita, ningún
pecado cometido por otra persona puede
esclavizarlo. Kathy ha estado esclavizada
debido a su odio y deseo de venganza.
Eso suena tremendamente injusto y poco
bondadoso pero Dios le demostró a Kathy
que, como hija suya, ella no podía odiar;
que la venganza no era de ella, sino de Él.
De hecho habría incurrido en asesinato
al tener en su corazón esos sentimientos
tan violentos. Está en el proceso de ser
liberada porque está dispuesta a admitir:
«Señor, no solo son aquellos tres jóvenes
los que necesitan de tu misericordia, sino
yo también». Es así como Kathy, al estar
dispuesta a perdonar, empezó a sanar y a
recibir ese divino y dulce perdón.

BELLEZA EN VEZ DE CENIZAS

En Isaías 61, Dios nos dice que Él
sana los corazones heridos, da libertad a
los cautivos y libera los corazones y las
mentes de aquellos que están esclavizados.
Usted comienza a sanar cuando permite
que Dios se haga cargo de sus pecados.
Después de todo, lo que nos destruye no
es en sí el mal que se nos hace, sino la
forma en que respondemos a dicho mal.
El versículo 2 dice que Dios da consuelo
a todos aquellos que sufren. Kathy está
descubriendo que hay alivio para sus
penas. Creo que hay gracia, consuelo, paz
y libertad guardados para Kathy.

Me encanta Isaías 61:3 donde Dios nos
dice que Él da belleza en vez de cenizas.
El Enemigo pensó que había destruido
a Kathy cuando ella tenía dieciséis años,
y de alguna forma ella aún tiene cenizas.
Sin embargo, hay que ver lo que Dios está
haciendo: Él está haciendo algo bello, está
dando «aceite de alegría en vez de luto».
Aquellos que confían en el Señor y ponen
sus penas bajo sus manos heridas por los

clavos recibirán a cambio su belleza, su
alegría y su paz.

Isaías dice que Él nos dará: «Traje de
fiesta en vez de espíritu de desaliento»
(Isaías 61:3). Esto es increíble. No solo
nos redime, nos da libertad, sana nuestros
corazones heridos, nos consuela y nos
da belleza, alegría y alabanza en vez de
cenizas, sino que también quiere usar
nuestra vida para hacer el bien. «Serán
llamados robles de justicia, plantío del
Señor, para mostrar su gloria».

¿Acaso no hay justicia?

La historia de Kathy suscita una
pregunta importante: ¿Significa el perdón
que el mal que hicieron estos tres jóvenes
ya no tiene importancia? Creo que uno
de los motivos por los cuales tenemos
dudas para perdonar es porque en el
fondo de nuestro corazón nos preocupa
que el ofensor salga librado sin costo
alguno, y nuestro sentido de justicia nos
dice que no está bien que los ofensores
salgan bien librados después de cometer

su pecado. ¿Qué pasa si nunca son
capturados? ¿Qué pasa si nunca sufren por
lo que hicieron? ¿Por qué debo perdonar
si jamás reconocieron sus pecados y se
arrepintieron?

Permítanme explicarlo de la siguiente
manera: El perdón libera al ofensor de mi
custodia, de mi corte, de mi celda y lo
entrega a Dios. La venganza es de Dios.
Él es el único juez, y cuando rehusamos
perdonar, lo que realmente estamos
haciendo es tomando su lugar (Romanos
12:17-21), lo cual es una tontería y es
peligroso.

Una de las ilustraciones bíblicas del
perdón más increíbles es la historia de
José. Usted la encuentra en los últimos
trece capítulos del libro del Génesis. José
fue vendido como esclavo, maltratado,
acusado falsamente y encarcelado. Más
adelante, cuando tuvo la oportunidad de
vengarse de todos aquellos que lo habían
ofendido, rehusó hacerlo. Dijo: «¿Puedo
acaso tomar el lugar de Dios?» (Génesis
50:19). Cuando rehusamos perdonar
tomamos el lugar de Dios. Dios, que ve

todo lo que pasa y todos los corazones, enderezará todo al final.

¿DEBEMOS OLVIDAR CUANDO PERDONAMOS?

Otra cosa que debemos recordar es que perdonar no significa necesariamente olvidar. Este es un gran malentendido que tienen muchas personas. «Se supone que debo perdonar y olvidar porque Dios olvida mis pecados». Eso no es lo que dice la Biblia. Dios dice: «No nos trata conforme a nuestros pecados ni nos paga según nuestras maldades» (Salmo 103:10). ¿Cómo puede Dios, que es omnisciente, olvidarse de algo? Lo que dice el Salmo 103:10 es: «No nos trata conforme a nuestros pecados».

Algunos de nosotros creemos que sería realmente maravilloso si Dios cogiera un borrador mágico y borrara todas nuestras memorias dolorosas. No estoy muy segura de que eso fuese realmente maravilloso. Una parte de nosotros estaría contenta pero el dolor nos recuerda la gracia de

Dios, su bondad para con nosotros y lo
que ha hecho en nuestras vidas. Además, si
no nos acordamos de haber sentido dolor,
¿cómo vamos a sentir compasión por
aquellos que la necesitan?

¿Cómo vamos a mostrar clemencia y
bondad hacia aquellos que están heridos?
¿Cómo podemos decirle a alguien que
nos preocupamos por él si nunca hemos
sufrido? ¿Cómo vamos a llorar con aquellos
que lloran? Aquellos que han sufrido son
por lo general los más comprensivos y
bondadosos de corazón con los que sufren.
Dios quiere usar todas nuestras heridas
para sus propósitos redentores, en parte,
para que nos involucremos en la vida de
aquellos que sufren.

Cuando usted perdona, probablemente
no olvida todas las cosas dolorosas que le
han sucedido. Tampoco aquellos a quienes
perdona necesariamente cambian o incluso
sienten la necesidad de ser perdonados.
Sin embargo, sus heridas pasadas no
tienen por qué mantenerlo esclavizado
y no tienen por qué destruir su energía
espiritual y su vitalidad.

EL PRIMER PASO

Otro punto importante acerca del perdón es el siguiente: Puede darse en algún momento dado, pero para sanar totalmente tal vez se requiera un proceso largo. El problema es que queremos superar primero el proceso de cura para luego perdonar. «Estoy trabajando en el proceso», dicen muchos. Si espera hasta que se haya curado lo suficiente tal vez nunca perdone. El proceso de curación comienza con el perdón. En el momento en que decide perdonar se libera para comenzar su proceso de curación.

Tal vez esté viviendo bajo un terrible abuso o tal vez tenga heridas de abusos anteriores. Es mucho más fácil para mí decirle que usted necesita perdonar que para usted tomar la decisión de perdonar. Sin embargo, si usted es un hijo de Dios, el Espíritu Santo que habita dentro de usted le dará la fuerza para obedecer el mandato de Dios de perdonar. No sé cómo funciona, solo sé que es posible obedecer a Dios y decidirse a oprimir

la tecla de borrar. Usted puede tomar la
decisión de borrar las faltas de aquellos
que han pecado en su contra, tal como
Jesús en la cruz perdonó a quienes habían
pecado en su contra, incluyéndonos a
usted y a mí.

EL PERDÓN CUESTA MUCHO

El perdón no es barato. Es costoso.
Requiere la voluntad de aceptar el costo del
pecado de otro. ¡Alguien tiene que pagar!
Supongamos que Mariana y su esposo se
encuentran en dificultades financieras.
Inducida por el Señor yo me ofrezco
a compartir sus dificultades. Llamo a
Mariana y le digo: «El Señor me dijo que
te prestara mil dólares. ¿Crees que me los
podrías pagar mensualmente en abonos
de cien dólares cada uno durante diez
meses, libres de interés?». Ella me contesta:
«Eso es magnifico, te lo agradezco mucho,
realmente apreciamos tu ayuda». Así
entonces les envío los mil dólares.

Yo llevo meticulosamente las cuentas
de mi chequera y escribo todos mis gastos

y calculo el saldo regularmente. Esta
deuda por lo tanto aparecerá en mi libro
de cuentas. Transcurridos treinta días
sin haber oído nada de mis amigos, me
imagino que se han olvidado. Después de
dos meses sigo sin recibir ningún cheque
por la suma de cien dólares. Al pasar tres
meses sin pago alguno de la deuda los
llamo y descubro que no pueden o no
quieren pagarme la deuda.

El Espíritu Santo me induce a
perdonarlos y a convertir ese préstamo
en un regalo. Es un trago, pero saco la
bandera blanca y digo: «Sí, Señor».
Llamo a Mariana y le digo que el Señor
me ha pedido que les regale los mil
dólares.

Así entonces ya no me deben nada,
están libres de la deuda de mil dólares.
¡Pero alguien debe pagar los mil dólares!
Yo soy la que tengo mil dólares menos.
Estoy dispuesta a asumir el costo de la
deuda y absorber el dolor. La única forma
de hacerlo es que Cristo me provea de los
recursos. Él con su gracia me los da y me
permite perdonar dicha deuda.

¿Puedo llamar a mis amigos el mes siguiente y decirles: «¡Páguenme, bribones, pícaros deudores, me deben mil dólares!»? No puedo hacerlo. Ya no me deben nada. Les he perdonado la deuda y ya no tengo cuentas con ellos. Satanás querrá recordármelo y empujarme a que cobre esa deuda perdonada. ¿No se alegra de que Dios no haga eso con nuestros pecados?

Perdone de todo corazón y tenga presente que no perdonar es un pecado igual o mayor que cualquiera de los que hayan cometido o cometan en su contra. Aun cuando usted no pueda ver los resultados, aunque la situación no pueda esclarecerse del todo o mejorar, puede estar seguro de haber hecho lo que Dios requiere de usted. Puede *seguir* perdonando a medida que su gracia y amor fluyen por medio de usted, y puede vivir en paz, en la paz de Dios.

UNA IDEA REVOLUCIONARIA

¿Qué debe hacer con el dolor que aún siente? Debe llegar al punto de devolver

bien por mal. Pablo dice en Romanos
12:17-21 «No paguen a nadie mal por
mal. Procuren hacer lo bueno delante
de todos. Si es posible, y en cuanto
dependa de ustedes, vivan en paz con
todos. No tomen venganza, hermanos
míos, sino dejen el castigo en las manos
de Dios, porque está escrito: "Mía es
la venganza; yo pagaré", dice el Señor.
Antes bien, si tu enemigo tiene hambre,
dale de comer; si tiene sed, dale de
beber. Actuando así harás que se
avergüence de su conducta. No te dejes
vencer por el mal; al contrario, vence el
mal con el bien».

¿Qué nos está diciendo Pablo? Si la
persona que lo hirió tiene una necesidad,
pídale a Dios que le muestre cómo
satisfacerla, y hágalo. Devuelva bien por
mal. Cuando uno devuelve bien por
mal como dice Pablo (Romanos 12:17-
21), no solo está venciendo al mal con el
bien, sino que a la vez está destruyendo
las emociones malas y algo del dolor que
hay en su corazón y que lo mantiene
encadenado.

Jesús lo expresó de la siguiente manera: «Amen a sus enemigos y oren por quienes los persiguen» (Mateo 5:44). Esa es una buena herramienta de medida para utilizar cuando piense en aquellas personas que están en la columna izquierda de su hoja. ¿Le está haciendo el bien, en la medida de sus posibilidades, a esa persona que lo ha ofendido? ¿Está orando por esa persona? La meta es la reconciliación mediante la construcción de puentes de amor y bendición.

Si perdona, puede convertirse en un instrumento de la gracia y sanación de Dios en la vida de esa persona. Tal vez piense de la siguiente manera: «No quiero que esa persona se reconcilie con Dios. No quiero que Dios bendiga a esa persona». ¿Sabe lo que encontrará cuando obedezca a Dios y ore por esa persona? Después de un tiempo descubrirá que no puede odiar a alguien por quien está rezando. De hecho, aunque no lo crea, Dios puede realmente llenar su corazón con compasión y amor por alguien a quien usted ha odiado durante años.

UNAS PALABRAS SOBRE
ABUSO Y JUSTICIA

La enseñanza bíblica de perdonar a quienes pecan contra nosotros no minimiza la seriedad de sus pecados ni da a entender que sus actos sean correctos. Tampoco hace pensar que debamos permitir a sabiendas que la persona siga pecando, o evitar que sufra las consecuencias de su maldad.

Tal vez usted conozca personas implicadas en casos de abuso o actividades criminales o inmorales. No está mal y puede ser necesario informar a alguien sobre estos hechos y llevar a los ofensores ante las autoridades competentes que pueden pedir cuentas de sus actos. Dios ha designado a las autoridades civiles y religiosas para castigar a los que hacen el mal y proteger a los justos.

No obstante, si en su corazón sigue sintiendo amargura y si está obsesionado con la venganza, entonces usted todavía insiste en controlar la situación, y aunque se haga justicia, no podrá experimentar

la libertad que Dios ofrece. En realidad,
usted es un prisionero de su ofensor.
Debemos recordar que el problema real de
ellos es con Dios, y Él les pagará.

Un instrumento de paz: La historia de Corrie ten Boom

No conozco ninguna historia que
ilustre de mejor manera el poder de
Dios para llenar nuestros corazones de
compasión, que aquella de la fabricante
de relojes holandesa Corrie ten Boom.
Corrie y su familia proveyeron lugares
de escondite a través de toda Holanda, a
muchos judíos holandeses y sus familias,
quienes estaban siendo perseguidos
por los nazis y deportados a campos de
concentración. Los nazis enviaron al
anciano padre de Corrie a prisión, lugar
donde murió. Corrie y su hermana Betsy
estuvieron en un campo de concentración
durante un año, donde Betsy murió. Poco
tiempo después de ser liberada, las otras
mujeres que se encontraban en su campo
fueron asesinadas.

Corrie describe, en uno de sus libros, la
lucha que libró para perdonar. Escribe así:
«Fue en un servicio religioso en Munich
que lo vi, el antiguo oficial de las SS que
hacía guardia en la puerta del cuarto de
baño en el centro de procesamiento de
Ravensbrook (campo de concentración).
Era el primero de nuestros carceleros
que veía desde ese entonces, y de pronto
todo volvió a ser real: el cuarto lleno
de hombres burlándose, las pilas de
ropa, la cara de Betsy pálida de dolor.
Al desocuparse la iglesia se me acercó.
Radiante y haciendo una venia me dijo:
"No sabe lo agradecido que estoy con su
mensaje Fraulein, pensar que, tal como
usted me dijo, Él ha lavado mis pecados".
Sacó su mano para estrechar la mía, y yo,
que tantas veces había predicado a la gente
de Blumenthal la necesidad de perdonar,
no extendí mi mano.

Aun en los momentos en que los
pensamientos de ira y venganza me
llenaban, yo era consciente de mi pecado.
Jesucristo había muerto por este hombre.
¿Iba yo a pedir más? Entonces oré de la

siguiente manera: "Señor Jesús, perdóname y ayúdame a perdonarlo". Trate de sonreír. Hice un esfuerzo por extender mi mano. No pude. No sentí nada, ni la más mínima chispa de compasión o simpatía.

Entonces, volví a orar en silencio: "Jesús, no puedo perdonarlo, dame tu perdón". En el momento de coger su mano la cosa más increíble sucedió. Desde mi hombro, a lo largo de mi brazo y a través de mi mano pasó una corriente de mí hacia él a la vez que en mi corazón nacía un amor por este extraño que casi me estremecía. Descubrí que la curación del mundo no depende ni de nuestro perdón ni de nuestra bondad, sino de los de Él». Cuando Dios dice que amemos a nuestros enemigos, junto con su mandato nos da el amor para hacerlo».

Gracia y gratitud

Si realmente quiere ser libre debe llegar al punto en el cual puede dar gracias bajo cualquier circunstancia. Claro está que no me refiero a que demos gracias a Dios

por el pecado. Me refiero a que lleguemos
al punto en el cual en medio de cada
circunstancia, especialmente de aquellas
sobre las que no tenemos control, podamos
elevar la vista y decir: «Su intención era
maligna pero la tuya, Señor, era buena».
Dios hará que incluso la ira del hombre
se transforme para gloria suya porque Él
dispone todas las cosas para el bien de
quienes lo aman (Romanos 8:28). Cuando
los hermanos de José le imploraron a este
que no se vengara de ellos, José les dijo:
¡Están a salvo! Acérquense a mí y yo los
alimentaré. Yo satisfaceré sus necesidades.
Ustedes me vendieron como esclavo, pero
Dios me envió aquí para salvar vidas (vea
Génesis 50:15-20).

Necesitamos reconocer que Dios es
soberano, omnipotente, y bueno. Él es
sabio y sabe todo, así que no hay nada
que llegue a nuestra vida sin que antes
haya pasado por Él. Como hijo de Dios
nada puede tocarlo sin antes pasar por sus
manos.

Es inevitable que las personas nos
ofendan y nos hieran, y Satanás puede

intentar utilizar esto para nuestra
destrucción, pero Dios es soberano
sobre todos los otros regentes, personas
y poderes, incluyendo los poderes
de las tinieblas y el infierno. Piense
en la cruz y en sus implicaciones para
aquellos que sufren las viles consecuencias
de vivir en un mundo caído. En aquella,
se cometió la más horrenda iniquidad
jamás cometida en el universo, donde
los hombres perversos «se unieron…
contra tu santo Hijo Jesús… para hacer
cuanto tu mano y tu consejo habían
antes determinado que sucediera»
(Hechos 4:27-28).

¿Quién pudo prever algo bueno de
semejante atrocidad? Solo el Dios que
podía ver de antemano la resurrección. Es
el mismo Dios que ha medido el alcance
de su dolor e injusticia, quien vigila de
cerca la profundidad, la distancia y la
altura de cada prueba que cada uno de sus
hijos soporta, y quien no permitirá en su
vida una sola circunstancia que obstruya
o desvíe el eterno y amoroso plan que ha
trazado para su vida.

Si ni siquiera el azote de la cruz le
impidió completar el plan que tenía para
su Hijo, ¿cómo puede alguna dificultad
en su vida —por mala que ésta sea—
sobrepasar su deseo o su capacidad
para cumplir el plan que Él tiene para
usted? Amado, Él incluso utilizará estos
sufrimientos para culminar su obra
redentora y santificadora en y a través de
su vida.

El momento de rendir cuentas

Algunas veces pensamos que cuando
lleguemos al cielo Dios sacará un tablero
o proyector en donde contestará todas
nuestras preguntas o defenderá sus
acciones. Ciertamente sabremos más de
lo que sabemos ahora (1 Corintios 13:12).
Sin embargo, creo que cuando veamos a
Jesús cara a cara, Él será toda la respuesta
que necesitamos. No necesitaremos oír
todas las explicaciones de lo que pasó en
nuestra vida. Sabremos lo bueno que es Él,
cuán grande ha sido su amor por nosotros
y cómo nos sostuvo cuando no podíamos

mantenernos de pie. Caeremos en la
cuenta que Él hizo todo bien. Mientras
tanto, hasta que podamos ver y saber,
debemos confiar en nuestro Dios bueno,
amoroso y sabio, y creer que sus propósitos
son más grandes de lo que podemos ver
y más maravillosos de lo que podemos
entender o imaginar.

Dios tiene un propósito para su vida, y
es más grande que esta misma (Jeremías
29:11-13). Somos tan solo unos pequeños
jugadores dentro del esquema total de las
cosas, se trata del plan grandioso, eterno
y redentor de Dios. Dios quiere utilizar
su perdón y sus oraciones por aquellos
que lo han herido y ofendido, como un
medio para sanar, dar gracia, salvación y
bendición a otros, de una manera que está
más allá de su comprensión.

CORAZONES DE PIEDRA

Tal vez usted haya leído o haya visto la
película Ben-Hur. Ben-Hur es el relato de
ficción de una familia judía en tiempos de
Cristo. Cuando Ben-Hur es aún un joven,

los romanos confiscan su casa y todas las
posesiones de su familia. Le obligan a
convertirse en esclavo y a trabajar en los
fogones de uno de los barcos de guerra
romanos y encierran a su madre y a su
hermana en una celda bajo tierra en
donde contraen lepra. Consumido por el
odio, Ben-Hur se obsesiona con el deseo
de venganza, especialmente contra su
amigo de la niñez, Messala, quien lo ha
traicionado. Después de una separación,
Ben-Hur finalmente se reúne con su amor,
Esther. En su conversación Ben-Hur
destila veneno y odio por los romanos en
general y por Messala en particular.

Ese día Esther había oído hablar a un
hombre llamado Jesús de Nazaret. Esther
le cuenta a Ben-Hur que este hombre
de Nazaret dice: «Benditos sean los que
sienten compasión pues ellos tendrán
compasión. Benditos los que buscan la
paz, pues serán llamados hijos de Dios».
Ella continúa: «La voz que oí hoy en la
colina dice: "Amen a sus enemigos y oren
por quienes los persiguen"». Ben-Hur está
tan lleno de rabia que reacciona con furia

a las palabras de Esther. Ella le responde:
«¿Qué ha sido de Judá Ben-Hur a quien yo
amaba? Parece ser que te has convertido
en lo mismo que te propones destruir,
devolviendo maldad por maldad. El odio
te ha convertido el corazón en piedra.
Actúas de la misma forma en que lo haría
Messala» (Ben-Hur, Warner Brothers
Studios, 1959).

PAZ AL PIE DE LA CRUZ

¿Es posible que se esté volviendo como
la persona que lo hirió? ¿Está el odio
transformando su corazón en piedra?
Dios quiere liberarlo hoy, y lo hará de la
misma manera en que lo hizo con Ben-
Hur en esta historia. Ben-Hur termina en
Jerusalén el mismo día en que Jesús fue
llevado a su crucifixión. Sigue la procesión
al Calvario y luego se para en la sombra
de esa cruz central y observa la sangre que
fluye del cuerpo torturado de Jesús hacia
el suelo.

Mientras mira al Salvador, el amor
de Cristo finalmente penetra su corazón

endurecido. ¡Empieza a creer! Recibe ese
amor divino. En la versión para cine, su
cara se transforma visiblemente cuando los
años de amargura, odio e ira son lavados
por el amor y la sangre de Jesús. En la
escena final, Ben-Hur regresa a su casa, en
donde Esther lo está esperando y le dice:
«En el momento en que murió le oí decir:
"Padre perdónalos pues no saben lo que
hacen". Sentí que su voz retiraba la espada
de mi mano».

   ¿Tiene hoy una espada en su mano?
¿Una espada de amargura, resentimiento
y venganza? ¿Por qué no dejar que su voz
retire la espada de su mano? Lo quiero
invitar a que haga un viaje al Calvario
y vea lo que Jesús hizo en ese lugar por
usted. ¿Está dispuesto a recibir su gracia y
su amor por su dolor y a tomar la decisión
de perdonar? Primero, ¿está dispuesto a
confesarle su amargura a Dios y a pedirle
que le perdone su rechazo a perdonar?
Tenga presente que la amargura y el
resentimiento son un pecado tan grave
como cualquiera que hayan cometido en
contra suya.

¿Está dispuesto a decir: «Dios mío, lo siento mucho. Perdóname por mi odio y mi amargura. He sido perdonado tanto y he rehusado perdonar a otros»? Permita que Él lave y limpie su corazón. Luego revise la lista que ha hecho mentalmente o por escrito de las personas que han pecado en contra suya. Piense en esas personas y en lo que han hecho. ¿Estaría dispuesto a decirle a cada una: «Dios mío, Tú me has perdonado y, por Cristo, perdono a esta persona por esta ofensa»? ¿Estaría dispuesto a oprimir la tecla de borrar? No rechace al Espíritu Santo si Él está trabajando en su corazón con este fin. Por la gracia de Dios, decídase a perdonar y a ser libre.

Sin perdón, jamás podrá ser íntegro. A medida que permite que Dios limpie su corazón de amargura, resentimiento y odio Él irá reemplazando estos sentimientos con su paz y su alegría, y la sanación empezará. Le invito a que haga un viaje al Calvario y vea lo que Jesús hizo por usted. Reciba su amor y su poder para curar almas heridas, y su gracia para perdonar a otros.

Padre, cómo te agradezco por tu gracia, por la misericordia que extiendes hacia nosotros cuando nosotros la damos a los demás. Has dicho que si rehusamos perdonar, no podremos experimentar tu perdón y tu amor, pero cuando perdonamos, entramos a un mundo nuevo lleno de tu paz y de tu perdón. Imagino que en este momento entras a esta prisión con celdas, y en la medida en que estemos dispuestos a abrir las puertas de cada celda y a dejar en libertad a nuestros ofensores, Tú también irás caminando por los corredores de nuestro corazón abriendo las celdas y liberándonos con tu llave de gracia. Padre, cómo te agradecemos y te bendecimos. Gracias Jesús por haber ido al Calvario y haber derramado tu perdón en nuestros corazones llenos de amargura y tu amor en nuestras heridas. Danos tu amor y tu paz. Amén.

El Primer Paso...

Solo podemos perdonar después de haber sido perdonados por Dios, y la paz con los demás es imposible hasta que no tengamos paz con nuestro Creador. Fuimos diseñados por un Dios santo y amoroso para vivir dentro de una relación con Él. Sin embargo, a causa de nuestro pecado y rebelión, hemos rechazado esa relación y vivimos separados de Dios. Pecado es todo aquello que hacemos, pensamos y decimos que no complace a Dios. El egoísmo, la amargura, el odio y el orgullo son pecados como los son el robo y el asesinato.

La vida que llevamos separados de Dios es incierta. Lleva a la desesperación y a la separación eterna de Dios en un lugar terrible que la Biblia denomina infierno en el cual no existe bondad ni paz. La buena nueva es que Dios desea restaurar nuestra relación con Él, así que envió a Su único hijo, Jesús. Él, quien jamás pecó, se convirtió en pecado por nosotros de manera que a través de Su santidad y

pureza pudiésemos tener una relación con
el Padre.

En sorprendente operación de rescate,
Dios permitió que Su perfecto e inocente
Hijo pagara la pena de nuestros pecados
mediante la muerte en la cruz. Esta misión
de rescate para salvarnos de nuestros
pecados le costó a Jesús la vida, pero
resucitó de la tumba al tercer día probando
así Su poder sobre el pecado y la muerte.

Debido a Su muerte por nuestros
pecados, todos nuestros errores pueden
ser perdonados por Dios. Podemos salir
indemnes y vivir una relación con el
Padre. Jesús resucitó de la tumba y ha ido
a preparar un lugar para nosotros. Todos
aquellos que lo aman vivirán algún día
con Él en un maravilloso lugar donde no
hay lágrimas, ni sufrimiento, ni muerte.
(Apocalipsis 21:4)

No hay nada que podamos hacer para
ganar este perdón y experimentar una
vida nueva. Es un regalo que Dios nos
ofrece porque nos ama. Pero como sucede
con todos los regalos, debemos aceptarlo
con el fin de que nos pertenezca. Si usted

desea aceptar el regalo del perdón y de la
vida eterna, lo puede hacer ahora mismo
alejándose con determinación del pecado y
siguiendo a Jesucristo de hoy en adelante.
¿Por qué no le pide a Dios que le perdone
y lo convierta en la persona que Él quiere
que usted sea, si este es el deseo de su
corazón?

En la Biblia, Jesús dice: «Porque tanto
amó Dios al mundo, que dio a su Hijo
unigénito, para que todo el que cree en él
no se pierda, sino que tenga vida eterna»
(Juan 3:16). Usted puede expresarle esto a
Dios con las siguientes palabras:

«Querido Dios, gracias por Tu
misericordia, por enviar a Tu hijo Jesús
a que muriera por mis pecados. Gracias
por resucitar de los muertos a Jesús. Por
favor perdona todos mis pecados pasados,
presentes y futuros que me han separado
de Ti. Te entrego el control de mi vida.
Por favor hazme la persona que deseas que
yo sea. Gracias, Señor, Amén».

Si usted acaba de dar el paso de entregar
su vida a Dios, usted ha comenzado una
maravillosa aventura con su Creador

que le ama más que nadie. Si usted le
habló con sinceridad, Él le ha perdonado
sus pecados, y promete transformarle la
vida. Puede conocerle mejor leyendo la
carta que Él le escribió, la Biblia. Podría
comenzar con el Evangelio de Juan que
contiene la vida y las palabras de Cristo
Jesús, luego seguir con los otros tres
Evangelios, Mateo, Marcos y Lucas, y la
carta del Apóstol Pablo a los Romanos, un
tratado brillante sobre el fundamento de la
fe cristiana. ¡Que Dios le guíe y le bendiga
mucho!

Serie: Aviva nuestro corazón

Rendición, Quebrantamiento y Santidad

En esta serie de tres libros, Nancy Leigh DeMoss, la autora que cuenta con un gran número de libros que se han convertido en éxitos de venta, ofrece principios prácticos para llevar una vida santa y tener un corazón vivo y encendido con el amor de Dios. A través de ellos nos guía para que nuestro viaje sea una experiencia plena de Dios, lo que únicamente se logra cuando nuestra vida es santa y nuestro corazón es puro.

ISBN: 978-0-8254-1187-8 Santidad
ISBN: 978-0-8254-1186-4 Rendición
ISBN: 978-0-8254-1185-4 Quebrantamiento

PRÓLOGO POR
ELISABETH ELLIOT

MENTIRAS QUE LAS MUJERES CREEN

y la

VERDAD QUE LAS HACE LIBRES

Nancy Leigh DeMoss

Las mujeres tienen un arma poderosa para vencer las decepciones que Satanás impone en sus vidas: la verdad absoluta de la Palabra de Dios.

Todas las mujeres sufren frustraciones, fracasos, ira, envidia y amargura. Nancy Leigh DeMoss arroja luz en el oscuro tema de la liberación de la mujer de las mentiras de Satanás para que puedan llevar una vida llena de la gracia de Dios.

ISBN: 978-0-8254-1160-1

Disponible en su librería cristiana favorita o en www.portavoz.com

La editorial de su confianza